дб 54 659

HISTOIRE DES JOURNÉES DE JUIN.

Prix : 5 centimes.

PARIS

MARTINON, RUE DU COQ SAINT-HONORÉ, 5

1848

Paris. — Imprimé par Plon frères, 36, rue de Vaugirard.

HISTOIRE
DES JOURNÉES DE JUIN.

Depuis l'attentat du 15 mai, une agitation sourde régnait dans Paris; des rassemblements se formaient, chaque jour, dans le voisinage de l'Assemblée nationale et sur les boulevards. Les clubs et les journaux anarchistes redoublaient de violences; tout le monde prévoyait avec effroi qu'une lutte à main armée éclaterait entre la majorité qui voulait, d'accord avec la représentation nationale, une république honnête et modérée, et une minorité turbulente, pervertie par la prédication de folles doctrines et remuée profondément par la misère.

La dissolution des ateliers nationaux, de ce fléau par lequel on semblait avoir décrété l'oisiveté au profit de la paresse, amena l'explosion. Il est hors de doute que l'insurrection avait mûrement combiné son plan de campagne. Déjà, bien avant la bataille, elle disposait de nombreuses recrues munies d'armes et de munitions. Chaque quartier avait ses chefs ; on avait désigné à l'avance les maisons qui devaient servir de redoutes et de points de ralliement aux soldats de l'émeute. Aucune précaution de nature à leur préparer la victoire n'avait été omise par les stratégiciens de l'anarchie.

Le 22 juin, à la nouvelle des mesures décrétées par l'Assemblée nationale contre les ateliers nationaux, une colonne d'ouvriers se rend au Luxembourg, ayant dans ses rangs quelques officiers de la garde nationale, et vient demander à la commission exécutive la suspension de l'arrêté relatif aux ateliers nationaux. Une vive altercation s'engage entre M. Marie et la députation : elle n'amène aucun résultat, et les ouvriers qui la composent sortent du Luxembourg irrités et prêts à commencer la lutte.

D'autres colonnes se forment dans les faubourgs du Temple et Saint-Antoine, qu'elles parcourent aux cris de : *Vive Barbès ! Vive la République démocratique et sociale !* Une d'elles, à 10 heures du soir, sombre, menaçante, sinistre, gravit la rue Saint-Jacques en psalmodiant à mi-voix ces mots : *Du pain ou du plomb ! Du plomb ou du pain !*

Arrivée à la place du Panthéon, elle se masse autour du monument. Un individu est hissé sur la grille; on l'encadre de torches et de drapeaux. Du haut de cette tribune, et au milieu d'un silence profond, il lance à la foule irritée, d'une voix vibrante, une de ces harangues qui déchaînent les révolutions :

« Le jour de l'échéance est arrivé ! La commission exécutive, que vous avez portée au pouvoir, vous oublie depuis qu'elle foule à ses pieds des tapis moelleux. Ne comptons donc plus que sur nous, et retrouvez-vous tous ici demain, au point du jour. On fera tout ce que vous voudrez ; mais, je vous le jure, les pavés joueront leur jeu ! »

Des acclamations accueillent ces paroles incendiaires ; les torches s'éteignent, la foule s'écoule, et la nuit se passe en horribles et sourds préparatifs.

Le lendemain 23, dès le matin, les groupes se forment et se portent sur les places, dans les rues, sur les boulevards. Les ouvriers des ateliers nationaux protestent contre leur séparation, contre leur éloignement de Paris.

A huit heures, des milliers d'hommes envahissent la place du Panthéon ; ils poussent des détachements dans les rues Saint-Jacques et la

Harpe, jusque sur les ponts et dans la Cité. Ils occupent en force l'église Saint-Séverin et menacent la Préfecture de police.

A la même heure, une autre masse d'insurgés se rassemble dans le clos Saint-Lazare et aux barrières Poisonnière et Saint-Denis; elle lance une avant-garde jusqu'à la Porte-Saint-Denis et sur les boulevards.

Enfin, une troisième masse occupe le faubourg Saint-Antoine, se lie, par le quartier Popincourt, avec les insurgés du faubourg du Temple, et établit ses avant-postes dans le voisinage de l'Hôtel-de-Ville, où ils occupent l'église Saint-Gervais.

Il était clair que la conspiration des ennemis de l'ordre avait été savamment ourdie. La place du Panthéon et le clos Saint-Lazare, positions culminantes de Paris sur la rive gauche et la rive droite, formaient les deux places d'armes extrêmes de l'insurrection, et devaient se lier au faubourg Saint-Antoine, qui en était le quartier-général et la citadelle, la première par la place Maubert, la Cité et le quartier de l'Hôtel-de-Ville; la deuxième par les faubourgs et boulevards Saint-Martin et du Temple. L'insurrection se trouvait ainsi maîtresse d'un immense demi-cercle formant à peu près la moitié de

Paris, sa moitié la plus populeuse et la plus pauvre, où le nombre des rues étroites et la nature des maisons offraient des difficultés insurmontables à ceux qui voudraient l'y attaquer. Une fois maîtresse de ce vaste espace, et ayant grossi ses rangs de toutes la population ouvrière de ces quartiers, elle pouvait s'avancer sur la rive gauche et sur la rive droite simultanément, par les boulevards et les quais, vers l'autre moitié la plus riche et la moins peuplée de Paris, celle où sont les Tuileries, le Palais-Royal, les ministères, l'Assemblée nationale, la Banque, etc.

Le point principal sur lequel l'insurrection devait porter ses forces était l'Hôtel-de-Ville, qui reliait les colonnes des faubourgs Saint-Marceau et Saint-Antoine ; et, par les rues du Temple et Saint-Martin, celles de la porte Saint-Denis et du clos Saint-Lazare. L'Hôtel-de-Ville, où les révolutions de 1830 et 1848 avaient été proclamées, aurait donné d'ailleurs une force morale immense à l'insurrection.

Pendant que des barricades s'élèvent sur tous les points que nous venons d'indiquer, le tambour bat dans les autres quartiers, les représentants accourent à l'Assemblée, la Commission exécutive se met en séance et investit le général Cavaignac, ministre de la guerre, du commandement en chef de toutes les forces militaires. « Unité de commandement, obéissance, là est la force, comme là est le droit. » Le général n'hésite pas à accepter la tâche qui lui est proposée, mais à la condition qu'il disposera avec une autorité absolue des moyens de défense, et en assumant la responsabilité de tous ses actes. L'énergie de son attitude impose la confiance, et on lui laisse toute liberté pour l'accomplissement de sa périlleuse mission. Alors, des ordres sont donnés pour réprimer l'émeute.

Le général avait compris le plan des insurgés; le sien est arrêté à l'instant. Il divise ses troupes en trois corps principaux, qui doivent opérer constamment par masses compactes, de manière à désespérer toute résistance et à finir, en étendant successivement leur action, par se relier les uns aux autres. Cette réunion devait marquer le terme de la guerre civile.

Les quartiers généraux de ces trois corps étaient : 1° la porte Saint-Denis, d'où l'on devait agir contre le clos Saint-Lazare, les faubourgs Saint-Martin et du Temple; M. de Lamoricière, qui commande de ce côté, va se distinguer par la rapidité de son coup d'œil et l'élan de son brillant courage; 2° l'Hôtel-de-

Ville, où Duvivier prépare ses opérations contre le quartier et le faubourg Saint-Antoine ; 3º La Sorbonne, d'où Bedeau et Damesme, commandant la garde mobile, agiront contre le Panthéon et les faubourgs Saint-Jacques et Saint-Marceau.

La garde nationale, les troupes de ligne, la garde mobile se mettent en mouvement. Le premier engagement a lieu à la porte Saint-Denis.

Ce point important reliait les quartiers du Temple et des Halles avec les places d'armes de l'insurrection, sur la rive droite et sur la rive gauche. Le détachement qui était parti du clos Saint-Lazare pour l'occuper se composait en apparence d'une troupe d'enfants que précédait un tambour. A l'arrivée de cette troupe à la porte Saint-Denis, des sifflets se font entendre, une voix crie : Aux barricades ! aux armes ! mille voix lui répondent ; de toutes les maisons, de toutes les rues sortent des insurgés, hommes, femmes, enfants, qui s'emparent des voitures, dépavent la rue, et en quelques minutes dressent une formidable barricade. Une femme arbore au sommet un drapeau sur lequel on lit : *Ateliers nationaux, 4ᵉ arrondissement, 5ᵉ section.*

Aussitôt la rue et le faubourg Saint-Denis, les

rues d'Aboukir, Saint-Apolline, la rue et le faubourg Saint-Martin voient s'élever des barricades ; les grilles et les rampes du boulevard Bonne-Nouvelle sont arrachées et renversées.

A ce moment, un bataillon de la 2e légion de la garde nationale arrive devant la porte Saint-Denis. Il somme inutilement les défenseurs de la grande barricade de se rendre ; de toutes les maisons voisines, occupées par les insurgés, part un feu terrible ; la garde nationale y répond. Après deux heures d'un combat où les femmes des rebelles montrent le plus terrible acharnement, où elles se succèdent pour tenir sur la barricade le drapeau de l'insurrection, la barricade est emportée, mais au prix du sang d'un grand nombre de gardes nationaux.

C'est là qu'un généreux citoyen, M. Leclerc, voyant tomber, mortellement frappé, son fils qui combattait à ses côtés, va chercher son deuxième enfant, lui remet l'arme de son frère, et lui dit : Venge sa mort et meurs à ton tour pour la patrie !

La barricade venait d'être prise, quand une colonne de troupes de ligne et de garde mobile arrive, commandée par le général Lamoricière : elle balaie les boulevards, la rue et le faubourg Saint-Denis, le faubourg Saint-Martin, où elle reprend la caserne, et s'avance dans le faubourg Poissonnière. Des barricades viennent d'y être construites; des troupes d'ouvriers bien armées, et venues du clos Saint-Lazare, les défendent : celles des rues Richer et des Petites-Écuries sont emportées, les insurgés se retirent derrière les barricades de la place La Fayette. La troupe n'ose aller plus loin : on annonce que le clos Saint-Lazare, les barrières de Montmartre, de La Chapelle, de La Villette sont gardés en force par les insurgés. La garde nationale des communes voisines a pris parti pour l'insurrection.

Tous les boulevards, depuis la Bastille jusqu'à la Madeleine, sont évacués par les curieux. On n'y voit plus, d'un côté, que des groupes d'insurgés qui travaillent aux barricades avec une fureur sombre et sans pousser aucun cri; d'un autre côté, des troupes de toutes armes qui prennent position.

Pendant que la cause de l'ordre obtenait du succès du côté le plus avancé de l'insurrection, celle-ci devenait plus formidable sur tous les autres points qu'elle avait marqués à l'avance comme étant de son domaine. Partout les efforts de la garde nationale se trouvaient paralysés ou isolés, et les troupes, trop peu nombreuses, disséminées, menacées d'être enveloppées, avaient l'ordre de reculer pour se concentrer.

Les insurgés ont assuré presque partout leurs positions, qui deviennent de plus en plus formidables. Le clos Saint-Lazare, les barrières Poissonnière, de La Chapelle, de La Villette, du Temple, les communes de Montmartre, de La Chapelle, de La Villette, de Belleville, le faubourg du Temple, le quartier Popincourt, le faubourg et la rue Saint-Antoine, les quartiers Saint-Jacques et Saint-Victor sont entièrement au pouvoir de l'insurrection. Tous ces quartiers sont hérissés de plus de cinq cents barricades, parmi lesquelles on remarque celles des barrières, de la rue Saint-Maur, de la place de la Bastille, de la rue Saint-Séverin, etc. En outre, dans le quartier Saint-Martin, qui néanmoins se trouve coupé des trois grands centres de la rébellion, des barricades se sont élevées aux rues Rambuteau, Beaubourg, Planche-Mibray, etc. Les combats partiels qui ont été livrés dans ces divers quartiers ont été presque tous à l'avantage des insurgés. Une partie de la garde nationale des 8e, 11e et 12e arrondissements s'est établie elle-même derrière les barricades.

De son côté, le gouvernement avait pris des mesures, concentré toutes les troupes de Paris, ordonné à toutes les garnisons voisines d'accourir à marches forcées, pressé tous les préfets des départements voisins de faire lever la garde nationale. Déjà les bataillons de la banlieue étaient arrivés.

A la première attaque des faubourgs Poissonnière, Saint-Denis et Saint-Martin a succédé celle du faubourg du Temple, qui est marquée par des pertes cruelles. Déjà plusieurs représentants qui s'y étaient présentés dans la journée avaient été reçus à coups de fusil, lorsque MM. Cavaignac et Lamartine se mettent à la tête de colonnes d'attaque qui livrent successivement assaut à toutes les barricades. Contre celle de la rue Saint-Maur on est obligé de faire jouer l'artillerie; mais les premiers artilleurs qui se présentent sont tués ainsi que les chevaux, et le général Cavaignac est obligé de faire avancer une seconde pièce pour soutenir la première, qui reste un moment abandonnée. En même temps, un bataillon de ligne s'élance, tête baissée, contre la barricade, qui résiste à son attaque aussi bien qu'au feu de l'artillerie. A des assauts multipliés les insurgés opposent un feu formidable, et ne se décident enfin à lâcher pied que devant des renforts envoyés par le général Lamoricière. Mais la prise de cette barricade a été chèrement payée : ses pavés sont inondés de sang, et le lieutenant-colonel du 17ᵉ de ligne est frappé d'une balle qui lui a traversé la poitrine et le bras droit.

L'affaire est aussi meurtrière à la barrière de Belleville, faubourg du Temple, où le général Foucher commande l'attaque. Six ou sept cents hommes, retranchés derrière cinq barricades, dont la plus considérable s'élève à l'entrée de la rue Pyat et de la rue Saint-Laurent, les défendent avec une énergie furieuse. Malgré le courage qu'elles déploient, les colonnes d'attaque ne peuvent enlever entièrement les positions; elles prennent quelques barricades au prix de grands sacrifices; mais les insurgés en conservent d'autres. Le général Foucher reçoit une forte contusion à la hanche, le général François est blessé très-grièvement, sans compter quatre officiers supérieurs et le chef d'escadron de Foraille, atteint d'une balle dans la poitrine.

On n'avait réussi à se rendre maître d'une partie du faubourg du Temple qu'à une heure fort avancée de la soirée.

La lutte continuait partout avec des chances diverses, mais avec le même caractère d'acharnement. Vers quatre ou cinq heures, les généraux

Cavaignac et Clément Thomas, accompagnés de six représentants qui voulaient essayer de désarmer par la persuasion les insurgés, étaient arrivés au pied de la barricade Culture-Sainte-Catherine, qui refusa obstinément de se rendre. Après deux assauts sanglants, la garde nationale et la troupe de ligne durent renoncer à l'attaquer de front pour déloger des maisons voisines les ennemis qui les accablaient de leur feu, croisé avec celui de la barricade. Enfin elle fut ruinée par le canon. Mais cette victoire resta sans résultats, car la nuit était venue, le quartier se hérissait de barricades, il fallut battre en retraite.

Pendant ce temps le canon tonnait dans la rue de la Cité, en face du Petit-Pont et de la rue Saint-Jacques. Sur la rive gauche de la Seine, depuis midi, on se battait avec un acharnement effroyable. A une heure, deux mille hommes de garde nationale, de dragons et de troupe de ligne étaient partis du Luxembourg pour se rendre, par les derrières, au Panthéon. Arrivés rue de l'Estrapade, ils voient la place couverte de barricades gardées par un grand nombre d'insurgés auxquels s'est réunie une partie de la 12e légion. Trop faible pour attaquer cette citadelle de l'insurrection sur la rive gauche, la troupe est obligée d'aller se renforcer au Luxembourg, d'où elle revient bientôt, conduite par le général Damesme et M. François Arago, et bien résolue à en finir.

A la parole de M. Arago, une première barricade, élevée au coin de la rue Saint-Jacques et de la rue Soufflot, est abandonnée ; mais le combat s'engage par un feu violent des insurgés contre les gardes nationaux et la troupe qui viennent de la démolir, et la fusillade éclate sur toute la place. Voici quelle était, dès lors, la situation de la lutte sur la rive gauche :

Tandis que, selon les ordres du général Cavaignac, le général Bedeau attaquait les innombrables barricades qui obstruaient les quais et les rues du faubourg Saint-Jacques, dans le double but de couper la communication aux insurgés des deux rives et de se porter en avant, au besoin, dans la direction du midi, le général Damesme, poursuivant plus haut, dans le même quartier, la lutte que nous venons de le voir engager, pouvait, en descendant vers le nord, placer entre son feu et celui du général Bedeau les ennemis de l'ordre, retranchés derrière les barricades multipliées qui se dressaient depuis la Seine jusqu'à la place Cambrai, vers le quartier général du brave et malheureux Damesme. Ce fut pour accomplir cette manœuvre que, dans la nuit du 23 au 24, il lança simultanément sur la place de la Sorbonne, dans la rue des Grès, dans la rue des Mathurins et sur la place Cambrai, des colonnes qui enlevèrent plusieurs barricades.

Le succès des divers engagements de la nuit, dans ce quartier; la prise de la barricade du Petit-Pont et d'autres retranchements des insurgés dans les rues Saint-Jacques et de La Harpe; l'occupation du quai et du pont Saint-Michel par le général Bedeau, qu'une grave blessure à la cuisse allait mettre hors de combat, près de la rue Saint-Séverin, assuraient et dégageaient la position du général Damesme: aussi avait-il décidé de frapper, le lendemain, la révolte dans l'une de ses plus fortes places d'armes, le Panthéon, où elle avait jeté un grand nombre de combattants, bien pourvus de vivres et de munitions.

Ajoutons qu'on préludait déjà, par des escarmouches, à l'attaque de la place Maubert, dont la prise sera un des principaux épisodes de la journée du lendemain, et qu'on se battait avec fureur aux alentours du Jardin des Plantes dans le quartier Saint-Victor.

Dans cette première journée du 23, le faubourg Saint-Antoine n'est pas encore attaqué; seulement, dans la grande rue et dans la rue de Reuilly, une poignée de soldats se signalent par une défense héroïque contre les forces réunies de ce faubourg. Deux cents hommes du 48ᵉ de ligne sont enfermés dans la caserne de Reuilly; les insurgés, dont tous les efforts sont venus se briser contre la résolution de ces braves gens, imaginent enfin de mettre le feu à la porte de la caserne et à une brasserie qui lui est contiguë; puis, ne pouvant encore triompher de la résistance des soldats, qui les tiennent, par un feu bien nourri, à distance de leur seuil embrasé, ils s'avisent de lancer, au moyen de pompes à incendie, du vitriol sur le bâtiment. Mais ce moyen ne leur réussit pas plus que l'attaque de vive force, et, vers le soir, après un combat acharné de huit heures, l'intrépide détachement du 48ᵉ, délivré par un demi-bataillon du 23ᵉ de ligne, qui était venu, soutenu par deux pièces d'artillerie, forcer les barricades qui entouraient la caserne, se repliait sur Vincennes avec ses libérateurs.

Dès le matin du 24, l'Assemblée, après une séance prolongée, la veille, jusqu'à minuit, se réunit, et, devant le danger qui s'accroît à chaque instant, au bruit de la fusillade qui retentit de toutes parts, elle comprend qu'il faut concentrer tous les pouvoirs dans la main d'un homme énergique, habile, et dont le dévouement à la République ne puisse être suspecté. Elle décrète donc ce qui suit :

« L'Assemblée se maintient en permanence.

» Paris est mis en état de siége.

» Tous les pouvoirs exécutifs sont remis entre les mains du général Cavaignac. »

Dès que ce décret eut été rendu; dès que la commission exécutive eut donné sa démission ; dès que Cavaignac eut pris, d'une main vigoureuse, la direction des affaires, la lutte changea de face.

Le général Cavaignac publia les proclamations suivantes :

Le général Cavaignac, chef du pouvoir exécutif, à la garde nationale.

« Citoyens,

» Votre sang n'aura pas été versé en vain. Redoublez d'efforts, répondez à mon appel, et l'ordre, grâce à vous, grâce au concours de vos frères de l'armée, sera rétabli.

» Citoyens, ce n'est pas seulement le présent,

c'est l'avenir de la France et de la République que votre héroïque conduite va assurer.

» Rien ne se fonde, rien ne s'établit sans douleurs et sans sacrifices ; soldats volontaires de la nation intelligente, vous avez dû le comprendre.

» Ayez confiance dans le chef qui vous commande ; comptez sur lui comme il peut compter sur vous. La force, unie à la raison, à la sagesse, au bon sens, à l'amour de la patrie, triomphera des ennemis de la République et de l'ordre social. Ce que vous voulez, ce que nous voulons tous, c'est un gouvernement ferme, sage, honnête, assurant tous les droits, garantissant toutes les libertés ; assez fort pour refouler toutes les ambitions personnelles, assez calme pour déjouer toutes les intrigues des ennemis de la France.

» Ce gouvernement, vous l'aurez ; car avec vous, car avec votre concours entier, loyal, sympathique, un gouvernement peut tout faire.

» Le général CAVAIGNAC.

» Paris, le 24 juin 1848. »

« Soldats,

» Le salut de la patrie vous réclame ; c'est une terrible guerre que celle que vous faites aujourd'hui. Rassurez-vous ; vous n'êtes point agresseurs. Cette fois, du moins, vous n'aurez pas été de tristes instruments de despotisme et de trahison. Courage, soldats, imitez l'exemple intelligent et dévoué de vos concitoyens ; soyez fidèles aux lois de l'honneur et de l'humanité ; soyez fidèles à la République. A vous, à moi, un jour ou l'autre, peut-être aujourd'hui, il nous sera donné de mourir pour elle. Que ce soit à l'instant même, si nous devons survivre à la République.

» Général CAVAIGNAC.

Aux insurgés.

« Au nom de l'Assemblée nationale !

» Le général Cavaignac, délégué au pouvoir exécutif.

» Citoyens,

» Vous croyez vous battre dans l'intérêt des ouvriers ; c'est contre eux que vous combattez ;

c'est sur eux seuls que retombera tant de sang versé. Si une pareille lutte pouvait se prolonger, il faudrait désespérer de l'avenir de la République, dont nous voulons tous assurer le triomphe irrévocable.

» Au nom de la patrie ensanglantée !

» Au nom de la République que vous allez perdre !

» Au nom du travail que vous demandez et qu'on ne vous a jamais refusé, trompez les espérances de nos ennemis communs, mettez bas vos armes fratricides, et comptez que le gouvernement, s'il n'ignore pas que dans vos rangs il y a des instigateurs criminels, sait aussi qu'il s'y trouve des frères qui ne sont qu'égarés et qu'il rappelle dans les bras de la patrie.

» Le chef du pouvoir exécutif,

» Général CAVAIGNAC.

» Paris, le 24 juin 1848. »

Dès trois heures du matin, la bataille recommence sur tous les points avec une vigueur extrême. Sur la rive gauche, la place Maubert, l'église Saint-Séverin, les barricades de la rue

Saint-Jacques sont enlevées successivement, et l'on arrive sur la place du Panthéon, où les insurgés occupent le monument, l'École de Droit et les maisons voisines. Après un combat acharné, où Damesme tombe frappé, à la cuisse, d'une blessure qui devait être mortelle, la place est emportée, le canon enfonce les portes du Panthéon, et la garde mobile s'y précipite avec les troupes de ligne.

Le combat continue dans le faubourg Saint-Marceau : le général Bréa, qui succède à Damesme, enlève les barricades de la rue Mouffetard et les abords du Jardin des Plantes.

Sur la rive droite, la colonne de Lamoricière dégage d'abord le quartier Poissonnière, mais en laissant le clos Saint-Lazare au pouvoir des insurgés. Elle balaie ensuite les faubourgs Saint-Denis et Saint-Martin, jusqu'aux barrières ; puis une partie du faubourg du Temple, avec toutes les rues voisines et les abords du canal. Mais ce résultat ne fut pas obtenu sans des pertes cruelles, notamment celle du général Bourgon, mortellement blessé à l'attaque d'une barricade prise et reprise sur les insurgés, dans le haut du faubourg Saint-Denis.

Du côté de l'Hôtel-de-Ville, l'insurrection avait, pour ainsi dire, bloqué l'édifice en s'emparant de la place des Vosges, des rues Saint-Antoine, Rambuteau, Sainte-Avoye, Tixeranderie, Planche-Mibray, etc. Il fallut d'abord dégager les abords de l'Hôtel. Cela fait, Duvivier commença l'attaque des rues voisines. Mais, pour enlever le pâté de maisons qui enveloppe Saint-Gervais, il fallut attaquer ces maisons les unes après les autres. A la place Baudoyer, malgré le canon qu'on employa contre les barricades, la résistance fut si vive, que, la nuit venue, on résolut de ramener les troupes aux environs de l'Hôtel-de-Ville.

Pendant la nuit qui suivit cette terrible journée, Paris ressemblait à un camp. Les places, les rues, les boulevards étaient occupés par les troupes, la garde nationale, la garde mobile. A chaque instant arrivaient des bataillons de garde nationale des départements. Toutes les fenêtres étaient éclairées. La circulation était partout interrompue. On n'entendait que le cri des innombrables sentinelles et quelques coups de fusil isolés. Jamais la capitale de la civilisation n'a offert un si triste spectacle.

Le matin du dimanche, 25, il restait au pouvoir des insurgés une partie des faubourgs Poissonnière et Saint-Denis avec le clos Saint-Lazare, une partie des faubourgs Saint-Martin et du Temple, tout le faubourg Saint-Antoine et une partie du quartier Saint-Antoine.

L'attaque recommence autour de l'Hôtel-de-Ville avec un nouvel acharnement. Duvivier, près de la rue du Mouton, reçoit au pied une blessure qui doit être mortelle. Le général Perrot le remplace, pousse sa colonne dans la rue Saint-Antoine, et, en employant le canon contre les maisons occupées par les insurgés, il arrive jusqu'à la place de la Bastille. Là il fait sa jonction avec l'avant-garde de Lamoricière, par le canal Saint-Martin.

Celui-ci avait achevé de déblayer les faubourgs Saint-Martin et du Temple; il avait ainsi isolé le faubourg Saint-Antoine et le clos Saint-Lazare. Ces deux centres de l'insurrection restaient seuls aux rebelles. On pouvait les attaquer séparément.

La jonction de Lamoricière avec la colonne de l'Hôtel-de-Ville effectuée, rien ne s'opposait plus à l'attaque contre la place de la Bastille et le faubourg, dont les abords étaient formidablement défendus. Le général Négrier, qui vient prendre le commandement des troupes, a fait à peine ouvrir un feu terrible sur la place de la Bastille, qu'il est frappé mortellement en pleine poitrine. Le général Regnault, traîtreusement assassiné, d'un coup de pistolet, par un misérable auquel il venait de faire grâce de la vie, et M. de Charbonnel tombent bientôt après lui.

Le combat continue, mais on décide qu'avant de pénétrer dans le faubourg on attendra que le clos Saint-Lazare soit rendu, et que Lamoricière ait pu prendre à revers, par le quartier Popincourt, cette vaste citadelle des insurgés, dans laquelle ils ont élevé soixante-cinq barricades.

Le clos Saint-Lazare, dont les insurgés avaient fait un réduit formidable, ne devait pas rester plus longtemps entre leurs mains. Enveloppé par des forces nombreuses, il est canonné et emporté après un violent combat qui se prolonge au delà de la barrière, jusque dans les rues de La Chapelle. Rien ne s'oppose plus, dès ce moment, à ce qu'on poursuive l'insurrection dans son dernier et formidable repaire, le faubourg Saint-Antoine.

Cependant, à cinq heures du soir, l'archevêque de Paris se rend chez le général Cavaignac, et lui demande s'il lui sera permis d'aller porter aux insurgés des paroles de paix. Le général lui répond avec une vive émotion qu'il n'ose lui donner un conseil; qu'une telle démarche est très-périlleuse, mais qu'il ne peut qu'en être reconnaissant avec toute la population de Paris.

L'archevêque marche aussitôt vers la place de la Bastille, accompagné de ses deux grands vicaires. L'autorité militaire fait cesser le feu.

Le prélat, après avoir traversé la grande barricade du faubourg, commençait à adresser aux insurgés quelques paroles pleines d'onction, lorsqu'un coup de feu part, on ne sait de quel côté. Des deux parts la fusillade recommence, et le vénérable archevêque tombe frappé d'une balle dans les reins. Relevé par les insurgés, il est conduit dans une maison où il reçoit les premiers soins, et de là à l'Archevêché, à travers une foule éplorée, qui s'agenouille devant le martyr. La blessure était mortelle. Le saint prélat y succombe le lendemain en prononçant ces paroles : Que mon sang soit le dernier versé !

Sur la rive gauche, le général Bréa, après avoir déblayé la rue Mouffetard, était arrivé à la barrière de Fontainebleau, où s'élevait une grande barricade défendue par 2 ou 3,000 insurgés. Espérant pouvoir, sans verser de sang, mettre fin à cette guerre impie, il parlemente avec les insurgés, qui l'invitent à venir à eux. Le général n'hésite pas ; il traverse la barricade et la barrière avec son aide-de-camp Mangin. A peine est-il parmi les rebelles qu'il est saisi, entraîné dans une maison, menacé de mort s'il n'ordonne à la troupe de mettre bas les armes. Il refuse. Les insurgés déclarent au colonel Thomas, qui était resté avec les troupes, que, s'il ne dépose les armes, le général et son aide-de-camp vont être fusillés. Le colonel Thomas réclame énergiquement, pendant deux heures, les deux officiers si perfidement pris. A la fin il ordonne l'attaque et enlève la barricade ; mais il ne trouve plus que les cadavres mutilés de Bréa et de Mangin.

La lutte, prolongée encore pendant quelque temps dans les environs de la place Maubert, se termine, sur ce point comme ailleurs, par la victoire, désormais définitive, de l'ordre sur l'anarchie.

Le lundi 26, il ne restait plus à soumettre que le faubourg Saint-Antoine, où la plupart des insurgés s'étaient réfugiés et avaient concentré tous leurs moyens de défense. Leur cause était désespérée, et ils avaient fait à trois représentants, qui avaient pénétré jusqu'à eux, des propositions de paix inadmissibles. Le général Cavaignac les fit prévenir que si, à dix heures, ils ne s'étaient pas rendus sans conditions, le faubourg serait attaqué par trois colonnes et livré à toutes les horreurs de la guerre.

Lamoricière, en effet, avait enlevé tout le quartier Popincourt, et il attendait le résultat des sommations faites pour prendre le faubourg en flanc, pendant que, de la place de la Bastille, vingt bouches à feu détruiraient les maisons et les barricades. Au moment où il allait donner le signal de l'attaque, on annonça la reddition du faubourg. Cette nouvelle fut accueillie par les troupes, la garde nationale et tout Paris, aux cris de: *Vive la République! Vive Lamoricière! Vive Cavaignac!*

Ce fut la fin de cette effroyable guerre civile, unique dans notre histoire, où l'armée et la garde nationale se sont couvertes d'une gloire éternelle en sauvant la société.

Cette victoire est une des pages les plus lugubres de nos annales sans doute; mais les résultats en sont inappréciables. Le pays n'oubliera pas de quel prix elle a été payée. Il n'oubliera pas non plus qu'elle est due à l'habileté, à l'énergie, au dévouement sans bornes du général

Cavaignac et de ses dignes lieutenants, les généraux Lamoricière, Bedeau, Négrier, Damesme, Duvivier, Bréa, Bourgon, François et Renault.

www.ingramcontent.com/pod-product-compliance
Lightning Source LLC
Chambersburg PA
CBHW060529050426
42451CB00011B/1718